Dimit

Ich und meine

CW01647441

Ich

Klara

Dimiter Inkiow ist in Bulgarien geboren. Schon als zehnjähriger Junge schrieb er seine ersten Kindergeschichten, mit 16 Jahren war er bereits Mitarbeiter einer großen Zeitung. Als Kinderbuchautor machte er sich schnell einen Namen. Mit seinem Studium an der Akademie für Schauspielkunst in Sofia erwarb er sich das Diplom als Regisseur. Seit 1965 lebt Dimiter Inkiow in Deutschland, hielt sich jedoch lange in Amerika auf und besitzt die US-Staatsbürgerschaft. Die Klara-Geschichten, nach denen auch eine Fernsehfolge gedreht wurde, sind so beliebt, dass Dimiter Inkiow immer neue erfinden muss.
Für Lesungen ist Dimiter Inkiow unter der Telefonnummer: 089/47087810 und der Faxnummer: 089/47087811 erreichbar.
Weitere Titel von Dimiter Inkiow bei dtv junior: siehe Seite 4

Dimiter Inkiow

Ich und meine Schwester Klara

Mit Zeichnungen von Traudl und Walter Reiner

Deutscher Taschenbuch Verlag

Von Dimiter Inkiow ist außerdem
bei dtv junior lieferbar:
Ich und Klara und der Dackel Schnuffi, dtv junior 7418

Bearbeitete Neuausgabe nach den Regeln der Rechtschreibreform
20. Auflage April 2000
1978 Deutscher Taschenbuch Verlag GmbH & Co. KG, München
www.dtvjunior.de
© 1977 Erika Klopp Verlag GmbH, Hamburg
ISBN 3-7817-0882-9
Umschlagkonzept: Balk & Brumshagen
Umschlagbild: Traudl und Walter Reiner
Gesetzt aus der Helvetica 13/16
Gesamtherstellung: KöselBuch (www.KoeselBuch.de)
Printed in Germany · ISBN 3-423-07332-2

Inhalt

Ich und meine Schwester Klara

Du kennst mich sicher
nicht. Weißt du, das bin ich: 
und das ist meine Schwester Klara: 
Du sollst uns nicht
verwechseln und denken, dass das da 
ich bin und das  Klara.

Es ist umgekehrt.

Klara ist Klara und ich bin ich und Klara ist nicht ich.

Man verwechselt uns manchmal, weil wir uns beide auch verwechseln, wenn Mama fragt: »Wer hat das Eis aus dem Kühlschrank aufgegessen?«, dann antworte ich: »Klara.«

Obwohl ich auch mitgegessen habe. Und wenn Mama Klara fragt: »Wer hat das Eis aufgegessen?«, dann antwortet sie, dass ich es war, obwohl sie mitgegessen hat.

Jeder kann die zwei Löffel sehen:

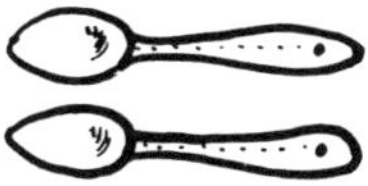

Warum Klara so sagt, weiß ich nicht. Und was mich betrifft, ich sage so, weil Klara mehr isst als ich. Sie hat nämlich so einen Mund: Viel größer als meiner:

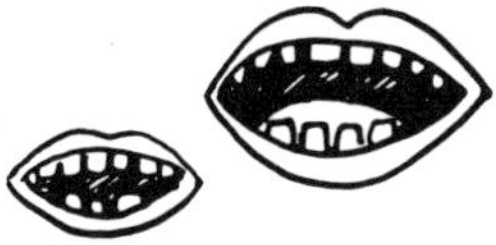

Ich esse aber schneller. Das weiß nur keiner.

Die Torte

Eines Tages kam Klara zu mir und sagte:

»Weißt du, was es in der Küche gibt?«

Ich wollte es gar nicht wissen. Aber weil sie so fragte, fragte ich:

»Was denn?«

»Eine Torte!«

»So eine?«, fragte ich und malte eine Torte:

»Nein, viel größer«, sagte sie, »und viel schöner!«

»So eine?«

Ich malte eine noch größere Torte:

»Noch größer«, sagte sie, »oben mit Sahne!«

Dann gingen wir beide um die Torte anzusehen. Es war wirklich eine große Torte.

Mir ist das Wasser im Mund zusammengelaufen.

Wir haben gerade die Torte bestaunt, da kam Mama und sagte:

»Dass ihr beide mir die Torte nicht anrührt! Tante Emma und Tante Greta kommen. Wir kriegen heute Besuch.« Und ging Kaffee kaufen.

Wir blieben allein zu Hause, Klara und ich. Wir spielten im Wohnzimmer. Dann schlichen wir in die Küche.

»Ich möchte sehen, ob die Torte noch da ist«, sagte Klara und ging zum Kühlschrank. »Vielleicht hat sie jemand geklaut.«

Sie öffnete die Tür: Die Torte war noch da.

»Rühr sie nicht an!«, sagte ich. »Sie ist für die Gäste.«

»Ich denke überhaupt nicht daran, sie anzurühren«, sagte Klara. Aber ich sah, dass ihr das Wasser im Mund zusammengelaufen war. »Ich denke nur, vielleicht ist sie schlecht.«

»Nein«, sagte ich. »Sie ist gar nicht schlecht.«

»Wir wissen das nicht«, beharrte Klara. »Die ganze Welt weiß, dass Torten sehr schnell schlecht werden. Dann werden sich unsere Tante Emma und Tante Greta vergiften.«

Ich wollte nicht, dass sich Tante Emma und Tante Greta vergiften, und fragte:

»Was sollen wir dann tun?«

»Ganz einfach«, sagte Klara. »Wir sollten die Torte probieren.«

»Gut«, sagte ich. »Probieren wir sie!«

Wir haben die Torte aus dem Kühlschrank geholt und Klara sagte, sie wollte die linke Seite probieren und ich sollte die rechte probieren. Wir haben probiert. Es schmeckte gut.

»Weißt du, Klara«, stellte ich fest, »die Torte ist nicht schlecht geworden. Tante Emma und Tante Greta werden sich nicht vergiften.« Klara stimmte mir zu.

»Aber«, sagte sie, »wir können nur von diesen beiden Seiten sprechen. Wie sind aber die anderen?«

Jetzt haben wir die Torte von allen Seiten probiert. Und stellten nichts Verdächtiges fest.

»Sie ist«, sagte ich, »an allen Seiten gut.«

»Ja«, sagte dann Klara, »an den Seiten ist die Torte gut. Aber die Torten mit Sahne werden am schnellsten in der Mitte schlecht.«

Wir nahmen ein Messer und schnitten die Torte. Und probierten sie in der Mitte.

Als Mama kam und die Torte sah, blieb sie mit offenem Mund stehen.

»Wir wollten nicht«, erklärten wir, »dass Tante Emma und Tante Greta sich vergiften.«

»Fresst jetzt alles«, sagte Mama, »ihr Ferkel!«

Wenn sie das so sagt, tun wir es auch. Wir haben weitergegessen und die ganze Torte aufgegessen. Dann hat uns der Bauch weh getan.

»Siehst du«, sagte Klara zu mir, »die Torte war schlecht!«

Onkel Toni

Klara und ich haben einen Onkel. Er heißt Toni.
Er sieht so aus:
Ich und Klara haben Onkel Toni gern. Klara sagt, dass sie Onkel Toni viel mehr liebt als ich. Und sie zeigt mit ihren Armen, wie gern sie ihn hat. »Sssssoooo sehr!«, sagt sie.

Ich zeige auch mit meinen Armen, wie lieb ich ihn habe. Aber ich bin kleiner und meine Arme sind kürzer. Das ärgert mich. Es sieht so aus, als ob Klara ihn mehr liebe. Nur weil sie längere Arme hat. Aber sie ist nur hinter seinem Geld her. Wenn meine Arme erst so lang sind wie ihre, wird sie sich sehr ärgern.

Immer wenn wir Onkel Toni treffen, gibt er jedem von uns eine Mark. Mir eine und

Klara eine. Es ist schön, wenn wir beide auf einmal so viel Geld haben. Dann kaufen wir uns Eis. Und es bleibt immer noch etwas übrig. Darum freuen wir uns, wenn Onkel Toni zu uns kommt. Jeden Tag fragen wir:

»Mama, wann kommt endlich Onkel Toni?«

Leider kommt er nur einmal in der Woche.

Eines Tages, als wir wieder fragten, sagte Mama:

»Ihr werdet euren Onkel Toni bald jeden Tag sehen. Er hat sich ein Zimmer im fünften Stock gemietet.«

Mensch, haben wir uns gefreut. Und beim Umzug und beim Schleppen seiner vielen Bücher haben wir ihm geholfen. Onkel Toni ist Student. Er lernt jeden Tag und wird eines Tages sehr klug werden.

Nach dem Umzug hat er uns beiden wieder eine Mark gegeben.

Vor Freude, dass Onkel Toni jetzt in unserem Haus wohnt, haben wir die ganze Nacht nicht geschlafen. Und am Morgen,

nach dem Frühstück, liefen wir sofort zu ihm.

»Guten Morgen, Onkel Toni!«

Er lachte und gab jedem eine Mark. Wir haben uns sofort Eis gekauft.

Am nächsten Morgen haben wir eine

halbe Stunde an seiner Tür geklingelt. Er war nicht da. Tante Emma kam vom Einkaufen und sagte, er sei ganz früh zur Vorlesung gegangen.

»Wir warten«, sagte Klara entschlossen. »Er muss zurückkommen.«

Wie saßen vor seiner Tür und warteten und warteten. Er kam aber nicht. So ein Pech.

Am nächsten Morgen, sagten wir uns, werden wir ganz früh zu ihm gehen. Das taten wir auch. Er war noch da.

»Guten Morgen, Onkel Toni!«

Er lachte wie immer und gab jedem eine Mark. Wir sagten danke und liefen uns Eis kaufen.

Am nächsten Morgen war Samstag. Wir gingen wieder zu ihm und sagten:

»Guten Morgen, Onkel Toni!«

»Guten Morgen!«, sagte Onkel Toni. Er lachte aber nicht. »Wisst ihr, Kinder«, sagte er, »ich habe heute kein Geld. Es tut mir Leid.«

Klara und ich gingen mit hängendem Kopf die Treppen nach unten. Wir überlegten. Und plötzlich sagte Klara:

»Weißt du, ich werde mein Sparschwein schlachten.«

Ich sagte sofort:

»Ich auch!«

Wir liefen schnell in unsere Wohnung und schlachteten die beiden Sparschweine. Klara ihres. Und ich meines. Mit dem Geld liefen wir wieder die Treppen nach oben. Zu unserem Onkel Toni. Wir klingelten.

»Was wollt ihr denn noch?«, fragte Onkel Toni, als er die Tür öffnete.

»Nichts«, sagten wir und steckten ihm einfach das Geld zu.

»Das ist für dich, Onkel Toni. Damit du dir heute Eis kaufen kannst.«

Und wir liefen schnell die Treppen nach unten.

Das Baby

Onkel Toni hat eine Studentin geheiratet. Am Anfang war sie sehr hübsch. Dann wurde sie immer dicker und dicker. Bald war sie dicker als Tante Emma.

Ich habe mir mit Klara zusammen große Sorgen um Onkel Toni gemacht. Weil er und

seine Frau in einem französischen Bett schlafen. Wenn sie noch dicker wird, wird er im Bett bald keinen Platz mehr haben. Er wird nachts immer vom Bett runterfallen. Wie ich einmal.

Sollten wir ihm ein Bett schenken?

Wir haben im Keller ein altes Auto. Aber wo sollte er das Bett hinstellen? In seinem Zimmer war kein Platz dafür.

»Das Beste ist«, sagte Klara, »sie nimmt ab! Onkel Toni darf ihr nicht so viel zu essen geben. Oder er muss das Essen vor ihr verstecken.«

»Ja«, stimmte ich zu, »er muss das Essen vor ihr verstecken!«

Wir gingen sofort Onkel Toni suchen um ihm zu sagen, er soll das Essen vor seiner Frau verstecken. Sonst wird sie noch dicker. Aber Mama sagte, Onkel Toni sei nicht da. Er war mit seiner Frau zur Kur gefahren.

Wir hatten die ganze Sache schon vergessen, als ich eines Tages vom Fenster aus Onkel Tonis Auto kommen sah.

»Schnell, Klara! Onkel Toni kommt zurück!«

Wir schauten beide aus dem Fenster und sahen Onkel Toni aus dem Auto steigen. Und dann seine Frau. Sie war noch dicker geworden. Der arme Onkel Toni. Er würde im Bett bald keinen Platz mehr haben. Der Wagen bog sich schon nach ihrer Seite.

»Würdest du so eine dicke Frau heiraten?«, fragte Klara.

»Nie!«

»Ich auch nicht!«, sagte sie.

Dass seine Frau so dick war, schien Onkel Toni überhaupt nicht zu stören. Sie gingen beide Hand in Hand. Als ob sie überhaupt nicht die dickste Frau der ganzen Straße war. Das hat uns beide, mich und meine Schwester Klara, sehr verwirrt. Der arme Onkel Toni.

Klara meinte:

»Die Liebe ist blind.«

Ich wollte wissen, warum die Liebe blind ist. Aber Klara wusste es auch nicht.

Am nächsten Morgen, beim Frühstück, hörten wir, wie Mama zu Papa sagte:

»Heute Nachmittag ist ein Film im Fernsehen: ›Wie man in zwei Wochen fünf Pfund abnehmen kann‹. Ich muss ihn unbedingt sehen.«

Klara und ich liefen sofort zu Onkel Toni.

»Onkel Toni! Onkel Toni!«

»Was wollt ihr, Kinder?«, fragte Onkel Toni.

»Heute ist ein Film im Fernsehen: ›Wie man in zwei Wochen fünf Pfund abnehmen kann‹. Deine Frau muss ihn unbedingt sehen!«

Onkel Toni lachte.

»Warum?«

»Weil ... weil ...«, stotterte Klara, »sie ist uns zu dick.«

»Ja«, sagte ich. »Sie muss abnehmen! Sie ist die dickste Frau von der ganzen Straße geworden.«

»Sie ist so dick«, sagte Onkel Toni, »weil sie unser Baby in ihrem Bauch hat.«

Jetzt blieb mir und auch Klara der Mund offen stehen.

»Was füüüür ein Baby?«, stotterte Klara.

»Unser Baby. Ihr Baby und mein Baby«, sagte Onkel Toni.

»Und was macht das Baby da drinnen?«, wollte ich wissen.

»Es schläft«, erklärte Onkel Toni. »Es schläft und wächst. Aber eines Tages wacht es auf und kommt raus. Dann ist meine Frau wieder so dünn, wie sie war.«

Mensch! So eine Sache. Klara und ich gingen die Treppen hinunter und sagten uns: Wir erzählen keinem ein Wort von der Geschichte. Wir waren gespannt, wann das Baby aufwachen und rauskommen würde. Das wird eine große Überraschung sein. Es gibt zu Hause so viele, die überhaupt nicht ahnen, warum die junge Frau von Onkel Toni so dick geworden ist.

Wie Klara alle Menschen reich machen wollte

Einmal saßen Klara und ich zusammen und überlegten, wie wir alle Menschen auf der Erde reich machen könnten. Klara überlegte und ich überlegte und wir waren sehr in diese Überlegung vertieft. Wenn alle reich sind, dachte ich, dann haben die Kinder in Afrika so viel Kaugummi, wie sie nur wollen.

»Weißt du«, sagte Klara, »es wäre schön, wenn wir irgendwo einen Goldberg entdeckten. Mit einem Goldberg können wir alle armen Leute in der Welt sofort reich machen.«

»Ja, aber wo finden wir den Goldberg?«

»Das weiß ich auch nicht.«

»Vielleicht«, sagte ich, »sollten wir graben.«

»Richtig!«, sagte sie. »Wir sollten graben!«

Wir fanden einen Spaten und überlegten, wo wir mit dem Graben anfangen sollten. Klara zeigte auf den größten Baum im Garten und sagte:

»Drei Schritte von dem Baum entfernt in Sonnenrichtung müssen wir graben! Wenn wir dort kein Gold finden, dann finden wir es nirgendwo.«

Wenn Klara das sagte, musste es stimmen.

Sie machte drei große Schritte in Sonnenrichtung und ich begann zu graben.

Als ich müde wurde, grub Klara weiter.

Als sie müde wurde, grub ich weiter.

Wir fanden aber kein Gold. Nur zwei Regenwürmer.

Klara sagte müde:

»Hier gibt es sicher kein Gold.«

Ich sagte:

»Schade!«

Wir saßen beide neben dem Loch und

überlegten, wie wir es vor dem Hausmeister verstecken könnten. Ich habe fast Kopfweh bekommen. Plötzlich schrie meine Schwester Klara:

»Ich hab's! Ich hab's!«

»Was hast du?«

»Ich weiß, wie wir alle Menschen reich machen könnten!«

»Wie?«

»Ich sage es dir nicht.«

»Weil du es nicht weißt!«

»Doch!«

»Dann sag es!«

»Es ist ganz einfach. Weißt du, warum manche Menschen arm sind?«

Ich überlegte und antwortete:

»Weil sie kein Geld haben!«

»Richtig!«, stimmte Klara zu. »Aber was ist Geld?«

Was ist Geld? Ich hatte zehn Pfennig in meiner Tasche. Die holte ich heraus und sagte: »Das ist Geld.«

»Das ist Kleingeld«, belehrte mich Klara.

»Geld, das sind Scheine. Und was sind Scheine? Papier! Nichts anderes als Papier!«

Dann nahm sie mich an der Hand und wir liefen beide nach Hause. Dort zeigte mir Klara ihren Zehnmarkschein.

»Siehst du«, sagte sie, »Papier! Die Fünfzigmarkscheine sind größer und die Hundertmarkscheine sind noch größer. Und mit einem Tausendmarkschein kannst du ein ganzes Zimmer voll mit Kaugummi kaufen. Stell dir das mal vor!«

»Wirklich?«

»Ja!«

»Aber wie willst du alle Menschen reich machen?«, wollte ich wissen. »Wir haben doch keine Tausendmarkscheine zu Hause.«

»Genau das ist die ganze Sache!«, erklärte mir Klara. »Wir haben keine Tausendmarkscheine zu Hause, weil es wenig Tausendmarkscheine gibt. Aber stell dir mal vor, alle Druckereien würden statt Büchern

nur Geld drucken. Dann gäbe es Berge von Geld und alle könnten reich sein. Der Staat müsste das Geld nur verteilen!«

Wir starrten beide Papas Bibliothek an und stellten uns vor, alle Seiten in den Büchern wären Geldscheine. Mensch, wären wir dann aber reich!

»Klara!«, sagte ich. »Eines Tages wirst du eine große Frau sein. Man wird dir sicher ein Denkmal errichten, weil du dir so etwas Tolles ausgedacht hast. Und ich werde überall erzählen, dass ich dein kleiner Bruder bin.«

»Ich weiß!«, sagte Klara.

Wir liefen gleich zu Opa, um ihm zu erzählen, was für eine tolle Idee Klara hatte. Denn was ist Geld? Nichts anderes als Papier.

Wir stellten uns vor, dass alle Menschen ihre Taschen voll mit Tausendmarkscheinen hätten, dass keiner arbeitete und die Postboten jeden Tag jedem ein dickes Paket Geld brachten, direkt von der Druckerei.

Opa lachte, als er das hörte.

»Warum lachst du?«, fragten wir beleidigt. »Wenn man anstatt Büchern Geld druckt, dann werden alle reich.«

»Gut!«, sagte er. »Und was werdet ihr mit euren Geldscheinen machen?«

»Kaufen!«, riefen wir beide. »Kaufen! Alles, was wir uns wünschen!«

»Und was werden die anderen Menschen machen?«

»Auch kaufen!«

»Dann werden bald alle Läden leer sein. Und wenn es nichts mehr zu kaufen gibt,

steigen die Preise. Passt mal auf, dann bieten die Leute tausend Mark für ein Ei – aber sie finden trotzdem keines.«

»Wirklich?«

»Ja!«

»Woher weißt du das?«

Opa lachte.

»Es gab in Deutschland Zeiten, nach dem Ersten Weltkrieg, da waren alle Menschen Millionäre. Aber ein Bier kostete damals auch zehn Millionen Mark!«

»Und was kostete damals ein Kaugummi?«, wollte ich wissen.

»Ich glaube, eine Million«, antwortete Opa. »Wenn man einen finden konnte!«

»Mensch!«, seufzten Klara und ich.

So gaben wir unsere Idee, alle Menschen auf der Erde reich zu machen, auf, und das tut uns noch heute Leid.

Geschichte mit einem Milchtopf

Gestern haben Klara und ich aber wirklich einen Fünfhundertmarkschein gesehen – so einen, von dem Klara viele drucken lassen wollte um alle Menschen auf der Erde reich zu machen. Papa hat den Geldschein mitgebracht und ihn auf den Frühstückstisch gelegt. Er sagte zu Mama:

»Das ist das Haushaltsgeld für diesen Monat.«

Dann ging er arbeiten. In diesem Moment klingelte es an der Tür. Es war der Milchmann, der uns zwei Flaschen Milch brachte. Mama ging zur Tür und Klara lief in die Küche und brachte den Topf, in dem wir jeden Morgen die Frühstücksmilch heiß machen. Mama kam mit den Flaschen, öffnete eine und füllte sie in den Topf. Dann nahm Klara den Topf und stellte ihn in der Küche auf den Elektroherd.

Plötzlich sagte Mama mit erschrockener Stimme:

»Kinder, wo ist der Geldschein?«

»Welcher Geldschein?«

»Der Fünfhundertmarkschein, den Vater auf den Tisch gelegt hat.«

Wir schauten auf den Tisch. Der Schein war nicht mehr da.

Dann stürzten wir uns auf den Boden und begannen überall zu suchen. Der große rote Fünfhundertmarkschein war nirgendwo zu finden.

Hatte ihn jemand gestohlen?

Aber wer? Ein Dieb?

War er vielleicht davongeflogen, als Mama dem Milchmann die Tür öffnete?

Wir suchten verzweifelt. Mama, Klara und ich. In jeder Ecke. Aber der Geldschein war nicht da.

Plötzlich stieg ein Geruch in meine Nase. Ein Geruch nach verbranntem

Papier. Der Geruch kam aus der Küche.

Ich lief schnell dorthin und schnüffelte wie eine Maus und plötzlich wurde mir mit Schrecken klar, wo unser Geldschein geblieben war. Er klebte unter dem Boden des Milchtopfs, der auf der heißen Platte stand. Schnell hob ich den Topf in die Höhe und rief:

»Ich hab ihn! Ich hab ihn gefunden!«

Mama und Klara kamen in die Küche gelaufen. Und wir schauten alle verzweifelt unseren Milchtopf von unten an, auf dessen Rückseite unser Haushaltsgeld klebte – halb verbrannt.

Was sollten wir jetzt einen ganzen Monat essen?

Klara begann zu weinen und ich auch.

Mama sagte verzweifelt, sie wollte Papa anrufen.

»Mein Gott, Kinder, wie konnte das nur passieren!«

Dann nahm sie den Topf aus meiner Hand, schüttete die Milch in eine Kanne und stellte den Topf umgekehrt auf den Tisch. So konnten Klara und ich unseren schönen großen Fünfhundertmarkschein betrachten. Und das war sehr traurig. Der Schein war ziemlich verbrannt. Aber nicht ganz. Man konnte noch genau sehen, dass es ein Fünfhundertmarkschein war.

Papa war in seinem Büro nicht zu finden

und wir wussten alle nicht, was wir jetzt machen sollten. Da sagte Klara:

»Weißt du, Mama, vielleicht finden wir jemanden, der uns diesen Schein umtauscht. Jeder kann sehen, dass es ein Fünfhundertmarkschein ist. Wir bekommen einen neuen und geben dafür unseren halb verbrannten Fünfhundertmarkschein her, mit dem Topf dazu, weil er so gut darauf klebt.«

»Ja«, sagte Mama, »gehen wir zur Bank.«

Wir gingen alle drei zur Bundesbank. Mama erzählte uns, dass die Bundesbank das Geld in Deutschland druckt.

Der Herr Bankdirektor schaute sich unseren Milchtopf sehr genau an.

»Hm! Wie konnte denn das passieren?«, fragte er.

»Es war so«, begann Klara zu erklären, »Papa hat den Geldschein auf den Frühstückstisch gelegt...«

»Dann hat«, sagte Mama, »der Milchmann geklingelt...«

»Und dann«, sagte ich, »ist Klara in die Küche gelaufen und hat den Milchtopf geholt und auf den Tisch gestellt, weil sie Mama helfen wollte ...«

»Und dabei«, erzählte Klara weinend weiter, »muss sich unser schöner Geldschein

am Topfboden festgeklebt haben. Und so ist er verbrannt. Jetzt haben wir für den ganzen Monat kein Haushaltsgeld mehr. Wenn Papa das erfährt, wird er böse sein.«

»Hm«, meinte der Herr Bankdirektor, »so schlimm ist die ganze Sache gar nicht. Man kann noch gut erkennen, dass es sich um einen Fünfhundertmarkschein handelt. Und die Nummer ist, Gott sei Dank, auch noch deutlich zu sehen. Ich glaube, ihr bekommt einen neuen Geldschein. Aber euren Topf muss ich behalten und in die Zentrale schicken.«

So haben wir einen neuen Fünfhundertmarkschein bekommen. Sogar einen ganz neu gedruckten.

Nach einem Monat kam auch unser Milchtopf zurück. Aber der verbrannte Geldschein klebte nicht mehr darunter.

Wie wir Tante Flora aufgeklärt haben

Unser Onkel Toni hat ein Baby bekommen. Genauer gesagt: nicht Onkel Toni, sondern seine Frau. Ein süßes kleines Baby. Und das passierte so:

Eines Morgens, als wir beide allein zu Hause waren und auf unsere Putzfrau Flora warteten, kam ein Krankenwagen vor das Haus gefahren und machte laut tatü-tata, tatü-tata.

Ich und Klara klebten sofort unsere Nasen ans Fenster. Wir beide lieben nämlich Kranken- und Polizeiwagen, die tatütata machen und mit Blaulicht blinken. Wenn ich einmal groß bin, werde ich so einen Wagen fahren.

»Da ist sicher jemand krank«, meinte Klara. »Wenn ein Krankenwagen irgendwo vorfährt, ist immer jemand krank.«

Und plötzlich sahen wir, wie zwei Sanitäter die dicke Frau von unserem Onkel Toni auf einer Trage zum Wagen schleppten. Onkel Toni lief mit besorgter Miene hinterher.

»Sie ist sicher geplatzt«, sagte ich. »In den letzten Tagen ist sie nämlich noch dicker geworden. Gestern habe ich sie im Treppenhaus gesehen und mir gedacht, lange kann es nicht mehr dauern. Und heute ist es soweit. Sie ist geplatzt!«

»Nein«, sagte Klara, »sie ist nicht geplatzt. Sie kriegt heute ihr Baby.«

»Ich glaube, sie ist geplatzt.« Ich blieb bei meiner Meinung.

Sie war mit einer Decke umwickelt und wir konnten nicht feststellen, ob sie nun geplatzt war oder ob sie ihr Baby bekam. So blieben wir im Ungewissen, bis am Nachmittag unser Telefon klingelte.

Es war Onkel Toni. Er fragte nach unserer Mutter.

»Sie ist nicht da«, antwortete Klara. »Sie ist heute den ganzen Tag weg.«

Ich wollte Onkel Toni gerade wegen seiner geplatzten Frau trösten und ihm sagen, dass er sicher eine neue finden wird, und auch eine dünnere, als er plötzlich verkün-

dete: »Kinder, ich habe ein Baby bekommen. Eine kleine Tochter. Sie heißt Susanne. Neun Pfund schwer. Im Krankenhaus ist sie zur Welt gekommen.«

Dann legte er auf.

Mensch, haben wir uns gefreut!

Klara holte sofort die Küchenwaage und

stellte zwei volle Bierflaschen darauf und alle Kartoffeln, die wir fanden. Und auch ihre größte Puppe Heidi. Aber erst als wir noch eine Karotte dazulegten, zeigte die Waage neun Pfund.

»Siehst du«, sagte Klara, »so viel wiegt Onkel Tonis Baby.«

Dann hat sie alles – die Bierflaschen, die Puppe Heidi, die Kartoffeln und die Karotte – in eine Tragetasche getan und wir beide haben nacheinander die Tasche durch die ganze Wohnung geschleppt um zu sehen, ob wir das Baby tragen können, wenn es nach Hause kommt.

Nach einer halben Stunde sagte ich ermattet:

»Das ist aber ein schweres Baby.«

»Das finde ich auch«, stimmte mir Klara zu, »darum war sie so dick.«

»Bist du sicher, Klara, dass das Baby in ihrem Bauch war?«

»Klar«, sagte Klara, »das weiß doch jeder!« Und sie lachte so, als ob sie es immer schon gewusst hätte, obwohl ich dabei war, als Onkel Toni es uns gesagt hat.

Sie lacht in der letzten Zeit immer so.

»Das weiß gar nicht jeder«, protestierte ich. »Tante Flora weiß es zum Beispiel nicht. Ich habe sie einmal gefragt, woher die Babys kommen. Da wurde sie ganz rot, weil sie es nicht wusste. Und dann sagte sie, sie werden im Kaufhaus verkauft.«

»Wirklich?«

»Ehrenwort!«

»Das glaube ich nicht.«

»Wir können sie ja fragen.«

In diesem Moment klingelte es an der Tür.

Es war Tante Flora. Sie machte sich sofort an die Arbeit und ging ins Badezimmer um zu putzen. Aber ich und meine Schwester Klara schlichen ihr nach.

»Tante Flora«, begann Klara, »Tante Flora, wir wollen dich etwas fragen.«

»Was gibt es denn?«, fragte Tante Flora. »Geht in euer Zimmer und lasst mich arbeiten!«

»Tante Flora, woher kommen die Kinder?«

»Woher die Ki-ki-kinder ko-kommen?«, stotterte sie. »Habt ihr keine andere Frage?«

»Nein«, sagte Klara, »wir wollen nur wissen, woher die Kinder kommen.«

»Wenn eure Mutter kommt, will sie bestimmt wissen, warum ich noch nicht mit dem Putzen fertig bin!«, schimpfte Tante Flora und wurde noch röter. »Dann werde ich ihr sagen, weil ihr beide so viel fragt, darum bin ich noch nicht fertig.«

»Ich habe ihr gesagt«, verkündete ich und zeigte auf Klara, »dass die Babys im Kaufhaus gekauft werden. Aber sie will mir nicht glauben.«

»Doch, doch!« Tante Flora nickte ganz erleichtert. »Es stimmt. Die Babys werden im Kaufhaus gekauft. Dort liegen sie auf den Regalen, und jeder, der ein Baby haben möchte, kauft sich eins.«

Jetzt machte Klara ihr unschuldigstes Gesicht und sagte:

»Stimmt gar nicht. Ich habe gehört, sie werden von den Störchen gebracht.«

»Manche! Manche werden von den Störchen gebracht und manche werden im Kaufhaus gekauft«, sagte Tante Flora. Sie schwitzte schon.

»Aber es gibt auch welche«, sagte Klara listig, »die im Garten wachsen, wie Kohlköpfe, in ihre Windeln eingewickelt.«

»Das gibt es auch«, sagte Tante Flora ziemlich verdutzt und suchte Halt am Badewannenrand. »Ganz recht. Das gibt es auch. Manche wachsen wie Kohlköpfe im Garten.«

Klara beobachtete Tante Flora wie Omas Katze, bevor sie einen Vogel verschlingt.

»Das gibt es gar nicht! Das gibt es gar nicht!«, schrie sie plötzlich. »Wenn du nicht weißt, woher die Babys kommen, dann sag ich es dir, Tante Flora. Sie wachsen nicht im Garten, sondern im Bauch ihrer Mutter. So wie das Baby von Onkel Toni. Seine Frau hat heute eine kleine Tochter bekommen. Neun Pfund schwer!«

Und Klara lief ins Wohnzimmer und schleppte die Tragetasche mit den Bierflaschen, der Puppe Heidi, den Kartoffeln und der Karotte zu Tante Flora ins Badezimmer.

»So schwer ist das Baby! Neun Pfund! Ist das nicht toll?« Wir ließen dann Tante Flora im Badezimmer allein, damit sie wieder zu sich kommen konnte.

»Es ist nicht leicht«, sagte Klara, »mit fünfzig Jahren plötzlich aufgeklärt zu werden. Mit solchen Sachen muss man sehr vorsichtig sein.«

Nach einer Woche kam Onkel Tonis Frau nach Hause. Sie war jetzt sehr dünn, so wie wir sie uns immer gewünscht hatten. Und Onkel Toni marschierte stolz mit dem Baby auf dem Arm durchs Treppenhaus, als ob es nicht in ihrem, sondern in seinem Bauch gewachsen wäre.

Der Zahn

Eines Tages kam Klara zu mir und verkündete:

»Weißt du, ich werde bald erwachsen sein!«

Ich war sehr erstaunt und fragte:

»Woher weißt du das?«

»Ganz einfach – mein erster Milchzahn ist schon weg!«

Sie öffnete ihren Mund und ich sah: Anstelle ihres Vorderzahnes hatte Klara ein scheußliches Loch.

»Du musst zum Zahnarzt!«

»Ich muss gar nicht! Denn von unten wächst ein neuer nach. Ein richtiger! Alle Kinder wie du haben nur Milchzähne. Und wenn jemand erwachsen wird – *wie ich!* –, dann fallen ihm die Milchzähne aus. Das weiß doch jeder!«

Klara holte aus ihrer Hosentasche den Milchzahn und zeigte ihn mir. So einen Milchzahn in der Tasche und so ein Loch im Mund wollte ich plötzlich auch haben. Aber wie sollte ich das anstellen?

Ich überlegte und sagte:

»Ich glaube, ich kriege auch bald einen richtigen Zahn!«

Jetzt war sie genauso verblüfft wie ich vorher.

»Das kann doch nicht wahr sein!«

»Doch!«

»Wirklich?«

»Ganz bestimmt!«

»Wackelt er schon?«

»Wer?«

»Na, der Zahn. Meiner hat vorher mächtig gewackelt, bevor ich ihn rausgezogen habe.«

»Du hast ihn dir selbst rausgezogen?«

»Ja, so, mit zwei Fingern.«

»Hat dir das nicht weh getan?«

»Gar nicht. Milchzähne tun überhaupt nicht weh, weil sie eben Milchzähne sind.«

Wenn das so war, dann gibt es nichts mehr zu überlegen. Ich steckte zwei Finger in den Mund und versuchte einen der beiden oberen Vorderzähne rauszubekommen. Es ging aber nicht. Der Zahn blieb fest an seinem Platz.

»Es geht nicht.«

»Weil er nicht richtig wackelt. Dein richtiger Zahn, der unter ihm wächst, muss noch sehr klein sein.«

»Das stimmt gar nicht. Er ist schon sehr groß. Aber es geht trotzdem nicht.«

»Pass auf«, sagte Klara, »ich zeige dir jetzt, wie man am besten einen Milchzahn los wird. Wir besorgen uns einen Faden,

den binde ich dir um deinen Zahn und dann ziehst du ihn dir selbst raus.«

Klara fand einen Faden, ich öffnete meinen Mund und Klara band ihn um meinen Zahn.

»Jetzt zieh!«, rief sie.

Ich zog vorsichtig.

»Es geht nicht.«

»Lass mich mal ziehen!«

»Nein!«

»Warum denn nicht?«

»Du tust mir bestimmt weh.«

»Willst du den Zahn loswerden oder nicht?«

»Doch! Aber nur, wenn es nicht wehtut.«

»Gut«, sagte Klara, »ich ziehe dir deinen Zahn so, dass es dir nicht wehtut. Komm jetzt mit!«

Sie ging los mit dem Faden in der Hand und ich hinter ihr her.

Vor der Wohnungstür hielt sie an und band den Faden an der Türklinke fest.

»Jetzt brauchen wir nur zu warten, bis

jemand kommt. Dann bist du deinen Zahn endlich los. Du kannst dich auf einen Stuhl setzen. Der Faden muss nur stramm gezogen sein.«

»Gut«, sagte ich, »ich mache alles, was du sagst.«

Ich saß mit offenem Munde dort und wartete und wartete. Es kam aber niemand. Schließlich sagte Klara, sie wolle die Tür selbst öffnen. Da merkten wir erst, dass sich die Tür zu mir hin öffnete.

»Du musst dich auf die andere Seite setzen«, sagte Klara.

Aber auf der anderen Seite war das Treppenhaus. So banden wir den Zahn an unsere Kinderzimmertür. Ich setzte mich wieder auf einen Stuhl, diesmal aber auf die richtige Seite. Endlich war es so weit, Klara riss die Tür auf. Aber es passierte nichts. Ich war nämlich sofort von meinem Stuhl aufgesprungen.

»So geht es nicht!«, sagte Klara nach dem vierten Mal. »Du bist eben doch ein

Angsthase. Ich binde deinen Zahn jetzt an meinem Fahrrad fest. Und diesmal wird es klappen, weil ich so schnell fahre!«

Wieder ging Klara mit dem Faden in der Hand voraus und ich mit offenem Mund hinter ihr her. Es kamen noch andere Kinder dazu. Keiner wollte verpassen, wie mein Milchzahn gezogen wurde.

Klara befestigte den Faden an ihrem Fahrrad. Auf »los!« radelte sie davon. Und

ich? Ich lief hinter ihr her. Und weil ich so schnell laufen kann, konnte sie meinen Milchzahn nicht rausziehen.

»So geht es nicht!«, sagte sie verärgert. »Du willst ja überhaupt nicht, dass ich deinen Zahn ziehe.«

»Doch!«

»Warum läufst du dann hinter mir her?«

»Weil du mich so ziehst.«

Wir überlegten alle. Schließlich sagte Klara:

»Wir werden den Faden an eine Autostoßstange binden. So schnell wie ein Auto kannst du nicht laufen!«

Zum Glück kam gerade ein Postauto angefahren. Der Postbote brachte jemandem aus unserem Haus einen Eilbrief. Als der Mann im Haus verschwunden war, machte Klara den Faden an der hinteren Stoßstange fest.

»Jetzt pass auf«, flüsterte sie mir ins Ohr, »gleich bist du deinen Milchzahn los!«

Der Postbote kam zurück und fuhr los

und ich hörte nur ein »tack«. Der Faden war zerrissen.

»Das gibt's doch nicht!«, sagte Klara. »Oder hast du vielleicht schon richtige Zähne?«

Ich stand dort mit dem abgerissenen Faden, der mir aus dem Mund hing, und sagte:

»Ich glaube, ich habe meine richtigen Zähne schon als Baby bekommen.«

Das Haareschneiden

Eines Tages kam Klara mit einer Schere in der Hand zu mir und fragte:

»Weißt du, was ich bin?«

»Nein, was denn?«

»Eine Friseurin!«

»Du bist keine Friseurin«, sagte ich. »Das sagst du nur so. Du kannst gar keine Haare schneiden.«

»Doch!«, erwiderte sie. »Möchtest du, dass ich es dir zeige?«

Ich wusste genau, dass Klara keine Friseurin ist. Darum sagte ich:

»Gut! Zeig mal!«

»Nur, wenn du bezahlst«, sagte dann Klara. »Eine richtige Friseurin schneidet keinem Menschen die Haare, wenn er nicht bezahlen kann. Erst musst du bezahlen!«

Das fand ich richtig unverschämt.

»Ich habe nie gehört«, sagte ich, »dass man beim Friseur vorher bezahlen muss. Man bezahlt hinterher. Immer, wenn ich mit Papa zum Friseur gegangen bin, hat er hinterher bezahlt.«

»Ja, das stimmt«, sagte Klara. »Aber bei einem Kunden wie dir muss man sein Geld vorher verlangen.«

Und sie schnitt mit der Schwere zweimal in die Luft wie eine richtige Friseurin.

Ich wollte meiner Schwester Klara zeigen, dass sie keine richtige Friseurin ist und nicht

Haare schneiden kann, auch wenn sie eine Schere hat.

»Gut«, sagte ich, »ich gebe dir zehn Pfennig.«

»Das ist mir zu wenig.«

»Ich gebe dir zehn Pfennig und noch dazu einen Kaugummi und noch vier Knöpfe.«

»Darf ich die Knöpfe sehen?«

Ich zeigte ihr die Knöpfe. Da sagte Klara: »Es geht!«, und nahm sie und auch die zehn Pfennig. Den Kaugummi steckte sie sofort in den Mund und kaute darauf herum, als ob sie seit Monaten keinen Kaugummi gesehen hätte.

»Wir können beginnen!«, erklärte sie. »Wie möchtest du deine Haare haben? Kurz oder lang?«

Ich wusste gar nicht, wie ich sie haben wollte. Darum sagte ich:

»Ich möchte sie schön haben.«

»Gut! Ich mache sie dir schön.«

»Du kannst es gar nicht.«

»Doch!«

Ich setzte mich vor den Spiegel und Klara wickelte mir ein Tuch um den Hals.

»Jetzt musst du aber ganz ruhig bleiben«, sagte sie wie eine richtige Friseurin, obwohl sie keine ist. Und dann nahm sie die Schere und begann hrrrsss-hrrrsss-hrrrsss zu schneiden. Bald war die Hälfte meiner Haare weg.

»Halt!«, schrie ich. »Hör auf!«

»Warum? Ich habe gerade erst angefangen.«

»Weil du keine richtige Friseurin bist.«

»Doch!«

»Du kannst gar nicht Haare schneiden.«

»Und was ist das?«, fragte Klara richtig wütend und zeigte mir eine Handvoll von meinen Haaren. »Hab ich sie abgeschnitten oder nicht?«

»Doch!«

»Dann kann ich also Haare schneiden.«

»Bitte, bitte, Klara, ich möchte nicht mehr!«, bettelte ich, weil mir meine abgeschnittenen Haare sehr Leid taten.

»Hast du dein Haareschneiden bezahlt oder nicht?«

»Doch!«

»Dann muss ich dir die Haare weiterschneiden. Bezahlt ist bezahlt.«

Und sie schnitt und schnitt. Und es war genauso, wie ich es von Anfang an erwartet hatte. Klara konnte gar nicht Haare schneiden. Mein Kopf sah bald aus wie eine Wiese, über die ein Pflug gegangen war. Es hatte keinen Sinn mehr zu protestieren.

»Schneide!«, sagte ich. »Schneide weiter! Siehst du, dass du gar nicht Haare schneiden kannst?«

Als ich keine Haare mehr hatte, gab Klara auf.

»So«, sagte sie, »du bist fertig!«

»Es gefällt mir aber gar nicht«, sagte ich.

»Nennst du das Haare schneiden? Findest du das schön?«

»Doch!«, erwiderte sie. »Es ist sehr schön! Für den Preis ist es sogar wunderschön! Und weißt du was«, seufzte sie, »auch jede richtige Friseurin hat einmal angefangen.«

Und sie ließ mich mit meinem kahlen Kopf allein vor dem Spiegel und ging spielen.

Die Suppe

Als Mama meinen Kopf gesehen hatte, fragte sie entsetzt:

»Wer hat dich so zugerichtet?«

»Klara!«, weinte ich. »Klara!«

»Klara«, fragte Mama wütend, »hast du ihm den Kopf so geschoren?«

»Ja, Mama!«

»Warum?«

»Weil er es wollte!«

»Weil er es wollte?«, fragte Mama erstaunt.

»Nein, nein! Ich wollte es gar nicht!«, protestierte ich. »Sie lügt! Sie lügt!«

»Doch! Er hat mich sogar dafür bezahlt: Zehn Pfennig, einen Kaugummi und vier Knöpfe hat er mir gegeben.« Und Klara zeigte die vier Knöpfe und meine zehn Pfennig. »Den Kaugummi habe ich schon verschluckt.«

Was konnte ich dagegen sagen?

»Morgen«, sagte Mama zu mir, »musst du zum Friseur. So kannst du nicht auf die Straße.«

»Doch!«, erwiderte Klara. »Wenn er eine Mütze trägt.«

So war die ganze Sache erledigt. Aber ich war Klara sehr, sehr böse.

Nachmittags ging Mama Tante Emma besuchen und sagte, wenn wir Hunger bekämen, wäre da eine Schüssel voll Suppe in der Küche.

Klara und ich blieben allein. Ich nahm meine Mütze und versteckte meinen Kopf darunter und entschloss mich die Mütze bis morgen nicht mehr abzusetzen.

Ich spielte allein im Kinderzimmer, bis Klara aus der Küche rief:

»Möchtest du nicht essen?«

»Nein! Ich spreche nicht mit dir.«

»Dann esse ich die Suppe auf«, sagte sie.

Wenn Klara so etwas sagt, dann tut sie

es auch und als ich Hunger bekam, war die schöne Suppe weg. Die Suppenschüssel war leer.

»Ich werde Mama sagen, dass du die ganze Suppe aufgegessen hast«, verkündete ich. »Ich habe so einen Hunger. Ich sterbe fast vor Hunger.«

Und ich öffnete meinen Mund weit um ihr zu zeigen, wie viel Hunger ich hatte. »Schau mal!«

»Oh, du Armer!«, sagte sie. »Weißt du was? Ich werde dir eine Suppe kochen.«

»Nein! Du kannst keine Suppe kochen.«

»Doch!«

»Du bist keine Köchin. Du hast nie eine Suppe gekocht.«

»Doch! Ich koche sehr gut. Weißt du das nicht?«

Was sollte ich sagen, wenn Klara das behauptete?

»Ich koche auch sehr gut«, sagte ich.

»Wirklich?«, fragte sie erstaunt.

»Wirklich!«

»Was kochst du am liebsten?«, wollte sie wissen.

»Suppe«, sagte ich. »Hühnersuppe!«

»Gut«, sagte sie. »Dann kannst du deine Suppe selbst kochen.«

Ich blieb mit offenem Mund stehen und brauchte ziemlich lange, bis ich wieder zu mir kam.

Also musste ich kochen. Ich nahm einen Topf, füllte ihn mit Wasser und stellte ihn auf unseren elektrischen Herd.

»Nun?«, fragte Klara. »Ist das alles?«

»Warte!«, sagte ich. »Ich fange gerade an.«

Ich kletterte auf einen Stuhl und warf in den Topf: ein Stück Zwiebel, zwei Kartoffeln, ein bisschen Milch, eine Scheibe Speck und noch einige Sachen, die ich im Kühlschrank fand.

»Ist das alles?«, fragte Klara.

Ich sagte: »Ja. Es fehlt mir nur das Huhn.«

Essig
Salz
Zucker

38

»Hm! Und wie willst du die Suppe ohne Huhn kochen?«

»Ich weiß nicht. Ich habe eine Hühnersuppe ohne Huhn noch nie gekocht!«

»Weißt du«, sagte sie, »warum nimmst du nicht einen Hühnersuppenwürfel? Ein Hühnersuppenwürfel ist genau wie ein Huhn. Dann fehlt dir nichts mehr an der Suppe.«

Sie brachte mir einen Suppenwürfel aus dem Kühlschrank. Darauf war ein Huhn abgebildet. Es sah lustig aus.

»Ich glaube nicht«, sagte ich, »dass dieser Würfel genauso wie ein Huhn ist.«

»Doch!«, beharrte Klara. »Es ist genau wie ein Huhn. Siehst du nicht das Bild von dem Huhn? Früher war der Würfel dieses Huhn.«

»Nein!«

»Die Hühner werden in eine große Maschine gesteckt und dort so gebraten und gepresst, bis sie zu einem Suppenwürfel werden. Genauso macht man es auch mit Autos. Hast du so etwas noch nie gesehen?«

»Doch!«

Ich schaute den Würfel an und wunderte mich, dass er früher ein Huhn gewesen war. Aber wenn Klara es sagte, musste es stimmen. Jetzt fehlte wirklich nichts mehr. Ich musste die Hühnersuppe kochen. Es tat mir schon Leid, dass ich gesagt hatte, dass ich Hühnersuppe kochen kann, weil ich nicht wusste, was ich noch machen sollte.

Ich warf den Hühnersuppenwürfel in den Topf.

Bald kochte alles. Klara wartete mit einem großen Löffel.

»Jetzt«, sagte sie, »wollen wir die Suppe probieren.«

»Das ist meine Suppe«, sagte ich. »Wenn jemand sie probiert, dann bin ich es.«

Ich nahm ihr den Löffel weg, kletterte wieder auf den Stuhl und nahm einige Löffel Suppe auf einen Teller. Ich probierte die Suppe. Sie schmeckte gar nicht.

»Wie schmeckt sie?«, fragte Klara.

»Sehr gut!«

»Du hast aber Salz vergessen.«

»Weißt du«, sagte ich, »ich kann die Suppe nicht kochen, wenn du mir so zuschaust. Wenn die Suppe fertig ist, werde ich dich rufen. Bitte, geh jetzt weg!«

»Gut!«, sagte Klara. »Aber du hast Salz vergessen.«

Sie ging ins Kinderzimmer spielen und ließ mich allein mit der schrecklichen Suppe. Ich wusste nicht mehr, was ich tun sollte. Ich gab einige Löffel Salz in die Suppe. Sie wurde salzig.

Wenn eine Suppe salzig ist, dachte ich, dann muss man sicher Zucker dazugeben. Ich gab vier Löffel Zucker dazu – jetzt wurde die Suppe süß.

Wenn eine Suppe süß ist, dachte ich, dann muss man vielleicht Essig zugeben.

Ich gab Essig dazu. Jetzt wurde die Suppe sauer. So musste ich wieder Zucker zugeben. Und dann Milch. Und Pfeffer. Und auch eine Gurke. Aber die scheußliche Suppe schmeckte immer schlimmer.

Und außerdem kam Klara alle fünf Minuten in die Küche.

»Ist die Suppe noch nicht fertig?«

Mensch, dachte ich, wenn sie die Suppe probiert, wird sie überall erzählen, dass ich nicht kochen kann.

Als ich noch einen Joghurt in den Topf schüttete und sie trotzdem gar nicht schmeckte, nahm ich den Topf mit einem Topflappen und schüttete die Suppe in den Ausguss. Dann nahm ich die Kartoffeln und warf sie heimlich ins Klo.

»Ist die Suppe noch nicht fertig?«, rief Klara aus dem Kinderzimmer.

»Doch!«, sagte ich. »Sie war fertig. Aber ich habe sie ganz aufgegessen. Sie schmeckte so gut.«

Und ich zeigte ihr den leeren Topf.

»Wirklich?«, sagte sie. »Das kann ich nicht glauben.«

Sie schnüffelte wie ein Hund in der Küche herum, konnte aber nichts finden.

Wahrscheinlich glaubt Klara immer noch, dass ich Hühnersuppe kochen kann.

Unser Hund Schnuffi

Papa hat einen Hund mit nach Hause gebracht. Einen schönen Rauhhaardackel, der ununterbrochen mit dem Schwanz wedelt und überall herumschnüffelt.

Ich und Klara haben ihn sofort Schnuffi getauft, was ihm gut gefallen hat. Denn sobald wir »Schnuffi!« riefen, kam er wie eine Rakete angeschossen.

Papa sagte, dass Schnuffi ein wertvoller Hund ist. Darum ist er auch so lang und hat so kurze Beine.

»Schnuffi hat einen Stammbaum«, erklärte uns Papa und zeigte ein Papier.

Ich und Klara stürzten uns sofort darauf um zu sehen, was für einen Baum unser Schnuffi hat. Aber wir haben keinen Baum auf dem Papier gesehen.

»Wo ist der Baum?«, fragte ich.

»Es ist kein normaler Baum«, sagte Papa. »Es ist ein Stammbaum. Und dies hier ist ein wichtiges Papier. So etwas haben nur Rassetiere und Könige.«

Papa erklärte uns noch, dass der Vater von Schnuffi ein berühmter Hund gewesen ist und dass sein Großvater ein noch berühmterer Hund gewesen ist und dass seine Mama, Oma und Urgroßoma aus sehr vornehmen Hundefamilien stammen. Sie haben alle einmal viele Preise bekommen.

Als ich und Klara das hörten, nahmen wir Schnuffi auf unseren Schoß und streichelten ihn eine Stunde lang.

Wir saßen nebeneinander auf dem Sofa und die vordere Hälfte von Schnuffi war auf Klaras Schoß und die hintere auf meinem. Klara streichelte seinen Kopf und ich seinen Schwanz. Schnuffi leckte Klaras Hand und sah sehr glücklich und zufrieden aus.

»Weißt du«, sagte ich zu Klara, »ich mag Schnuffi gern. Ich finde, er ist ein lieber

Dackel. Aber wenn er schwarz wäre, würde ich ihn noch lieber mögen.«

»Ich finde seine Farbe auch nicht schön«, sagte Klara. »Ich meine, blond würde besser zu ihm passen.«

Wir streichelten Schnuffi noch eine Weile, dann sagte Klara:

»Wir könnten uns Schnuffi teilen. Wenn

du nichts dagegen hast, gehören mir der Kopf und die Vorderpfoten und dir der Schwanz und die Hinterpfoten. Jeder soll sich um seinen Teil kümmern.«

Ich fand die Idee gut. Ich hatte gar nichts dagegen, den hinteren Teil von unserem Schnuffi zu bekommen, weil sein Schwanz immer so lustig wedelte.

»Gut«, sagte ich, »aber es muss ganz genau geteilt werden.«

»Wir werden ihn ausmessen«, sagte Klara, »jeder bekommt die Hälfte.«

Sie brachte ein Maßband und wir legten eine Mark auf Schnuffis Rücken, genau an die Stelle, wo die Mitte war. Dann schnitten wir mit einer Schere rundherum um die Mark die Haare weg. Jetzt konnte man Schnuffis Mitte nicht mehr übersehen.

»Von nun an kümmert sich jeder nur noch um seine Hälfte«, verkündete Klara. »Ich gebe ihm zu fressen und du bringst ihn nach draußen, wenn er muss, denn das ist ja deine Hälfte.«

Jeder begann sofort sich um seine Hälfte von Schnuffi zu kümmern. Jeder streichelte sie. Jeder kämmte sie. Klara kümmerte sich um Schnuffis Fressen und ich mich um sein Ausgehen.

Eines Abends gingen Papa und Mama ins Theater. Sie hatten gerade die Tür hinter sich zugemacht, da sagte Klara:

»Ich habe mich entschieden. Ich werde Schnuffi blond färben.«

»Nein«, protestierte ich, »das erlaube ich nicht!«

»Dann wird er viel besser aussehen«, meinte sie, »und auch zu meiner Haarfarbe passen.«

Wenn Klara etwas sagt, dann tut sie es auch gleich. Schon hatte sie Mamas Färbemittel aus dem Badezimmer geholt. Ich nahm aber Schnuffi fest in meine Hände und sagte:

»Du darfst aber nur deine Hälfte blond färben. Meine nicht! Das erlaube ich nicht!«

»Gut, dann färbe ich eben nur meine Hälfte.«

Und sie hat wirklich Schnuffis vordere Hälfte blondiert, was mich sehr geärgert hat, weil ich blonde Hunde nicht mag.

»Dann färbe ich meine Hälfte schwarz«, verkündete ich trotzig.

»Das ist gar nicht schlecht«, meinte Klara, »dann kann jeder seine Hälfte besser unterscheiden.«

Ich holte die Dose mit dem schwarzen Wildlederspray und machte mich an die Arbeit. Bald war unser Schnuffi zweigeteilt.

Eine Hälfte blond, die andere schwarz. Ich glaube, er selbst hat sich ziemlich gewundert, als er sich im Spiegel sah. Denn er bellte fünf Minuten sein eigenes Bild an.

»Ich wette«, sagte Klara, »so einen Hund gibt es in der ganzen Stadt nicht noch einmal.«

Als Papa und Mama Schnuffi sahen, blieben sie eine Minute mit offenem Mund stehen, dann gingen sie zweimal um den Hund herum.

»Wer hat das arme Tier so zugerichtet?«, donnerte Papa los.

Klara sagte sofort, dass ich es war, obwohl sie damit angefangen hatte, wie jeder weiß. Aber Schnuffi kann leider nicht reden, um unseren Eltern die Wahrheit zu erzählen.

So wurde ich eine Stunde lang beschimpft. Und dann sagte Papa auch noch:

»Du bekommst für diese Woche kein Taschengeld!«

Da kam Klara und flüsterte mir ins Ohr:

»Ich werde dir die Hälfte von meinem Taschengeld geben, wenn du mich nicht verrätst! Abgemacht?«

Ich sagte:

»Abgemacht!«

Dann begannen wir beide Schnuffi zu waschen. Aber nur das Schwarz von meiner Hälfte ging ab. Klaras Blond blieb.

»Das kann nur rauswachsen«, flüsterte sie mir schadenfroh ins Ohr. »Meine Hälfte bleibt blond!«

Ich ärgerte mich. Aber was sollte ich tun? Klara ist eben so.

Mit ihr werde ich sicher noch lange Ärger haben.

Heute schon die Katze gestaubsaugt?

Beverly Cleary
Ramona
Illustriert. Ab 8

Wenn man neun Jahre alt ist und
den Kopf voller Ideen hat,
dann ist kein Tag wie der andere.

Klopp

Für Mädchen und Jungen von 7 bis 9 Jahren

Anne will ein Zwilling werden. Aber Hannes, ihr großer Bruder, will einfach mit dem Älterwerden nicht auf sie warten.
So eine Gemeinheit! Anne muss sich wohl damit abfinden die Jüngste in der Familie zu bleiben. Nur: Unterbuttern lässt sie sich deswegen noch lange nicht...

Band 70321 Ab 7

Band 70526 Ab 8

Band 70564 Ab 9

dtv junior

Für Mädchen und Jungen ab 8 Jahren

Kein Mensch möchte gern Nella-Propella gerufen werden, aber was soll Nella bloß gegen diesen Spitznamen machen? Klar, dass ihre Mama nicht verstehen kann, warum sie sich darüber so aufregt. Dafür ist sie einfach schon zu alt. Fünfundzwanzig! Aber sonst ist Nella mit ihrer Mutter sehr zufrieden...

Band 70429

Band 70473

Band 70436

dtv junior

Für Mädchen und Jungen ab 9 Jahren

Kambu ist ein Chamäleon ganz besonderer Art: Seine Haut bleibt grün, auch wenn er sich schwarz ärgert, doch dafür versteht und spricht er alle nur möglichen Sprachen. Durch ein Missgeschick gerät er per Bananenstaude nach Deutschland und landet im Obstkorb von Marions Oma! Damit fangen die Aufregungen jedoch erst an...

Band 70430 Ab 9

Band 70217 Ab 10

Band 70406 Ab 10

dtv junior

»... das Thema geht alle an! ...«

Band 70491 Ab 8

Die Tiere in aller Welt sind es leid! Die Menschen rufen Konferenz um Konferenz ein um Frieden zu schaffen und was passiert? NICHTS! GAR NICHTS! Da kommen die Tiere auf eine verrückte Idee: Während sich die Menschen gerade zu ihrer 87. und vermutlich wieder erfolglosen Konferenz in Kapstadt einfinden, machen sich sämtliche Tiere, **besorgt um die Zukunft der Kinder,** auf zur großen Konferenz der Tiere.
Und was dort ausgeheckt wird, verursacht schließlich einen solchen Jubel auf der Erde, dass »sich die Erdachse um einen halben Zentimeter verbog«.

dtv junior